L'ouïe et la musique

Illustrations de Muzo

ALBIN MICHEL JEUNESSE

Sommaire

LE COIN DES PARENTS

avant-propos

Les jeunes enfants qui ne savent pas lire couramment posent de multiples questions. Instinctivement, ils justifient les choses par la magie ou les pouvoirs surnaturels qu'ils s'attribuent (il pleut parce que les fleurs ont soif ou parce que je l'ai demandé aux nuages). Ici 10 expériences et 10 jeux sur l'ouïe permettent à vos enfants de s'amuser avec vous et de trouver des réponses concrètes à leurs interrogations : pourquoi les gros bruits nous dérangent ? Est-ce qu'on peut entendre avec les oreilles bouchées ? Comment marche une guitare ? Comment chantent les animaux ? Pourquoi nos oreilles aiment la musique ? Est-ce que sous l'eau on entend mieux ?

Insatiables curieux, les enfants de moins de 7 ans se passionnent pour les raisonnements réalistes et justes, la richesse du vocabulaire, les jeux de logique simples : tout dans cet ouvrage part de ce qu'ils ressentent et stimule leur capacité à s'étonner du quotidien.

Dans ce parcours d'exploration autour de l'ouïe en 10 séquences progressives et cohérentes, deux enfants, Tadéo et Alice, sont guidés par Renard, un compagnon qui en sait long :

- une petite scène de vie quotidienne amène la question
- une expérience facile à réaliser avec du matériel de la maison y répond
- le phénomène qui vient d'être observé est expliqué aux enfants
- une explication plus précise vous est proposée, à vous parents, qui vous aidera à adapter votre propos selon l'intérêt et l'âge de votre enfant
- un jeu d'observation ou d'associations conclut la séquence.

Observer, faire, échanger, réfléchir... chaque situation rend l'enfant actif, induit un comportement autonome et débrouillard et lui procure le plaisir de comprendre tout en s'amusant.

Du bruit qui fait bouger

Tadéo est en train de lire sur le canapé
quand un gros camion passe dans la rue.
– Au secours Koala, les vitres vont exploser !
Qu'est-ce qui se passe, c'est
un tremblement de terre ou quoi ?
Koala s'esclaffe :
– Mais non, Tadéo, ne t'inquiète pas ! Viens plutôt
jouer avec moi. Car nous allons nous aussi faire
trembler... du sucre !

L'expérience

Rassemble ton matériel

- du sucre en poudre
- 1 verre
- du film plastique alimentaire ou 1 ballon gonflable
- 1 élastique

1

Tends le film plastique ou le ballon coupé en deux sur le verre et fixe-le avec l'élastique.

2

Verse une pincée de sucre sur le plastique tendu.

3

Éloigne-toi du verre.

4

Regarde bien le sucre pendant que tu claques fort des mains, ou que tu cries bien fort sans souffler vers le verre.

Que font les grains de sucre ?

L'EXPLICATION pour en dire plus AUX ENFANTS

Qu'est-ce que le bruit ?

Les grains de sucre sautillent sur le film plastique. Il y en a même qui tombent sur la table !

Quand tu fais du bruit, celui-ci se déplace dans tous les sens. Il rejoint ton oreille, puisque tu l'entends, mais il rejoint aussi le film plastique, qui tremble. On dit qu'il vibre. Le sucre, entraîné par le tremblement (la vibration), saute.

Le bruit d'un gros camion peut ainsi faire trembler les vitres des fenêtres.

En haute montagne, après de fortes chutes de neige, il vaut mieux éviter de crier dans les zones avalancheuses car les plaques épaisses de neige mal fixées aux parois sont très sensibles aux vibrations, et donc aux vibrations sonores qui risquent de les faire se détacher.

LE COIN pour en savoir plus DES PARENTS

Les sons qu'on entend sont le résultat de vibrations qui viennent frapper les tympans de nos oreilles. Ceux-ci, comme la membrane d'un microphone, vibrent à leur tour et transmettent cette vibration à l'oreille interne, puis aux nerfs auditifs et au cerveau.

Un bruit est un assemblage de sons, une superposition de vibrations diverses provoquées par les hasards acoustiques.

Le son musical, lui, est un bruit organisé qu'on peut décrire à partir des critères mesurables comme la hauteur ou l'intensité.

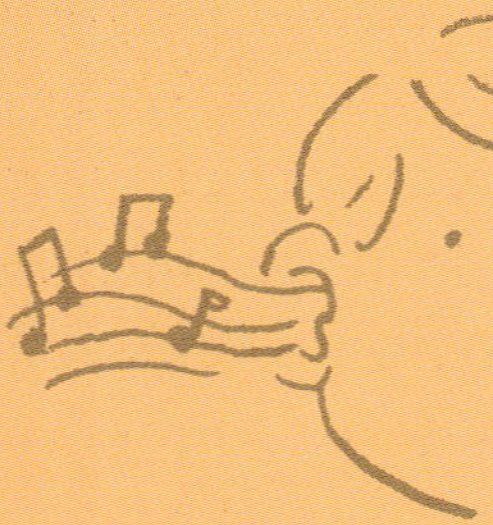

Encore un jeu

Peux-tu rendre à chaque instrument l'ombre qui lui appartient ?

A

B

C

D

E

1. une guitare

2. une contrebasse

5. une harpe

4. un trombone

3. un cor

Réponses : 1E ; 2C ; 3B ; 4A ;5D

Parle plus fort !

Tadéo est bien tranquille. Il lit une bande dessinée. Soudain, il s'exclame :

– Oh ! la ! la ! regarde, Koala, tout ce vent qui sort de la bouche du bandit !

– Oui, répond Koala, il a l'air de crier fort.

Avec une expérience très simple, nous allons voir si l'on fait vraiment du vent quand on parle.

AAH!

Rassemble ton matériel

- 1 feuille de papier fin

L'expérience

1

Tiens la feuille de papier devant ton visage et dis la phrase suivante en articulant :
« Pin Pon ! fait le camion de pompiers »

Que fait la feuille ?

2

Redis la même phrase, mais en plaçant ta main devant la bouche, à la place de la feuille.

Que sens-tu sur ta main ?

L'EXPLICATION pour en dire plus AUX ENFANTS

Comment fait-on pour parler ?

Quand tu dis la phrase, la feuille bouge, et tu sens du vent sur ta main.
C'est parce que pour parler, tu fais sortir de l'air de ta bouche. Et plus tu parles fort, plus l'air est poussé fort et fait du vent, sur la feuille et sur ta main. Dans un dessin, pour montrer qu'un personnage crie fort, on montre, par quelques traits, le vent qui sort de sa bouche.
Les sons de notre voix sont portés par l'air mais ils ne se déplacent pas comme le vent ; les sons, les bruits se déplacent dans tous les sens à la fois : c'est-à-dire à gauche, à droite, devant, derrière, en haut, en bas...

LE COIN
pour en savoir plus
DES PARENTS

Les sons qu'on entend sont portés par l'air et se propagent sous forme d'ondes, comme les rides qui se déplacent sur de l'eau après qu'un caillou y a été jeté. Ce que montre cette expérience, c'est que nous produisons du son en nous servant de l'air qui sort des poumons et fait vibrer nos cordes vocales dans le larynx. Une expérience complémentaire permet de bien se rendre compte du phénomène : tenter de parler en fermant la bouche et en se pinçant le nez. On produit un faible bruit et les joues se gonflent d'air. Si on ne laisse pas sortir l'air, on ne peut pas parler.

Encore un jeu

Peux-tu redonner
à chaque animal son cri ?

C. le loup

A. le dindon

E. le phoque

Réponses : A3 ; B8 ; C5 ; D1 ; E7 ; F2 ; G6 ; H4

Le ballon qui chante

Tadéo, Rémi et Pénélope ont organisé une petite fête pour l'anniversaire d'Alice :

– Joyeux anniversaire, Alice, joyeux anniversaire, Alice, chantent-ils.

Koala est émerveillé :

– Bravo les enfants, c'est magnifique ! Mais savez-vous que les ballons aussi peuvent chanter !

– Pfeu ! n'importe quoi, Koala !

– Mais si, je vous assure. Et je peux vous le prouver par une petite expérience. Allez, on y va !

Rassemble ton matériel

- 1 ballon gonflable

L'expérience

1

Gonfle le ballon ou fais-le gonfler par l'adulte, puis tiens-le fermé en pinçant son bout avec deux doigts.

2

Lâche le ballon pour que l'air s'en échappe et écoute le bruit qu'il fait.

3

Gonfle à nouveau le ballon, mais cette fois laisse l'air s'échapper du ballon en tirant plus ou moins fort sur le bout avec les deux mains.

Entends-tu le même bruit ?

L'EXPLICATION pour en dire plus AUX ENFANTS

Pourquoi certains bruits sont-ils aigus ?

La première fois, pffrrttt, l'air sort d'un coup du ballon, et le ballon s'envole. La deuxième fois, le ballon se dégonfle beaucoup moins vite et l'air s'échappe en faisant un bruit perçant !

Lorsque l'air sort du ballon, il frotte contre les bords et les fait trembler. Si les bords sont tendus, ils tremblent plus fort et plus vite, et le son qu'ils produisent est plus aigu. C'est pourquoi cela fait chanter le ballon ; mais cela est si aigu que les parents n'aiment pas beaucoup cette chanson-là !

LE COIN pour en savoir plus DES PARENTS

Il se passe la même chose avec la production de voix qu'avec l'embout d'un ballon : si l'on expire de l'air sans faire se rapprocher nos cordes vocales, qui sont des petits replis musculaires, l'air sort de notre bouche sans bruit. Si on les rapproche, les cordes vocales vibrent au passage de l'air et produisent la voix. En posant sa main sur la gorge, on se rend compte que les vibrations d'un « Ô » grave sont moins rapides que celles qu'on sent en produisant un « I » aigu. Les vibrations « sont » le son. En voici quelques exemples :

- **un papillon émet 10 vibrations par seconde, soit 10 Hz (10 hertz).**
  inaudibles à l'oreille humaine
- **une libellule émet 30 Hz**
  audibles à l'oreille humaine
- **une abeille émet 190 Hz**
- **une mouche émet 250 Hz**
- **un moustique émet 510 Hz**

Encore un jeu

Veux-tu classer ces instruments de celui qui fait le son le plus fort à celui qui fait le son le plus faible ?

2. une clarine de vache

1. un triangle

3. un grand gong

4. une cloche de clocher

5. des cymbales

Réponses : 4 ; 3 ; 5 ; 2 ; 1

La grosse voix

Tadéo veut faire l'ours. Il prend une grosse voix bien grave et grogne :

Grrr ! Grrr ! Grrr !

Puis, il s'amuse à couiner aigu comme une petite souris :

Coui ! Coui ! Coui !

Il s'étonne devant Koala :

– C'est formidable comme je peux changer ma voix ! Pourtant j'ai toujours la même bouche !

Koala explique :

– C'est grâce à ton tuyau !

– Quel tuyau ?

– Viens ! Nous allons construire un nouvel instrument de musique, le bouteillophone, pour découvrir ce qu'est ce tuyau !

L'expérience

Rassemble ton matériel

- 5 ou 6 petites bouteilles ou flacons de verre identiques
- de l'eau

1

Remplis chacune des bouteilles avec une quantité d'eau différente.

2

Aligne les bouteilles au bord de la table.

3

Souffle au-dessus de chaque bouteille pour essayer de faire de la musique.

Fais-tu à chaque fois le même son ?

L'EXPLICATION pour en dire plus AUX ENFANTS

Pourquoi y a-t-il des voix graves et des voix aiguës ?

Plus il y a d'eau dans la bouteille, moins il y a d'air et plus le son que tu entends est aigu. L'air que tu envoies en soufflant dans une bouteille avec beaucoup d'eau, a moins de chemin à faire et le fait plus vite que dans une bouteille avec peu d'eau et beaucoup d'air.

Le son qu'il fait en se cognant aux parois de la bouteille est donc plus aigu.

Notre voix est fabriquée par de l'air qui sort d'un tuyau vers notre bouche. Quand nous voulons avoir une voix aigüe, des muscles diminuent la longueur de notre tuyau pour laisser sortir moins d'air. Et quand nous voulons avoir une voix plus grave, ils rallongent le tuyau.

LE COIN pour en savoir plus DES PARENTS

Les flûtes de Pan, les tuyaux d'orgue, le trombone à coulisse utilisent les variations de la longueur du ou des tuyaux par lesquels passe l'air soufflé pour obtenir des notes de hauteurs différentes. Les sons obtenus sont produits par la vibration de l'air à l'intérieur des tuyaux.

Encore un jeu

Parmi ces instruments, retrouve

a. 3 instruments à vent
b. 3 instruments à cordes
c. 3 instruments à clavier
d. 3 instruments à percussion

5. une trompette

3. une guitare

8. un tam-tam

10. un piano

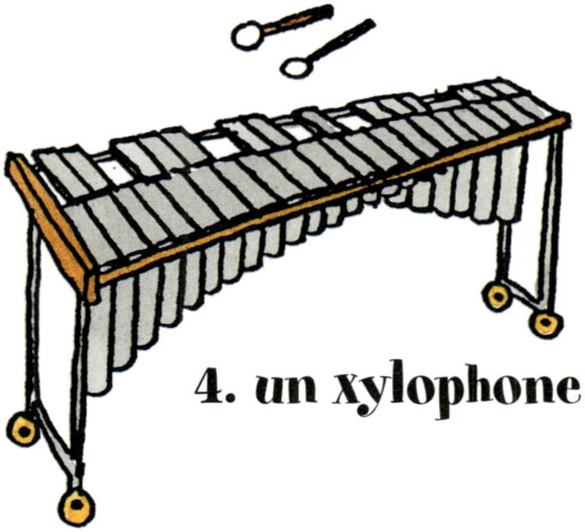

4. un xylophone

9. une contrebasse

7. une flûte traversière

1. un cor

6. un accordéon à touches

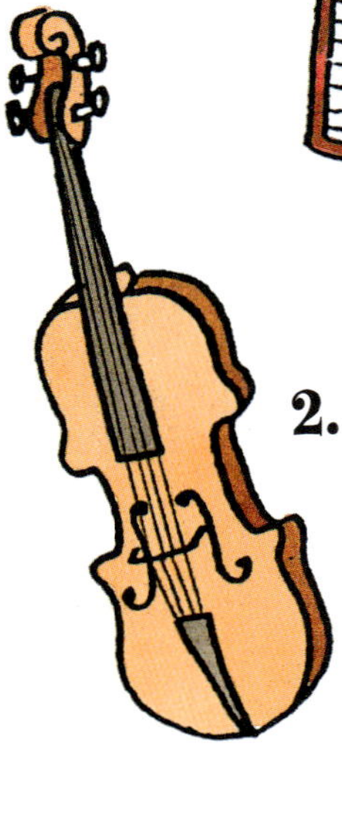

2. un violon

11. un synthétiseur

12. des timbales

Réponses : a/1,5,7 ; b/2,3,9 ; c/6,10,11 ; d/ 4,8,12

Sonner les cloches

Aujourd'hui, Alice veut faire la sieste. Mais elle n'est pas plus tôt couchée que les cloches sonnent trois fois.

– Ah, non ! crie Alice. Pourquoi ces cloches se mettent à sonner juste le jour où je veux faire la sieste ?

– Tu sais, Alice dit Koala, non seulement les cloches sonnent tous les jours mais en plus elles sonnent toutes les heures.

— Ah, bon ! s'étonne Alice, mais alors, pourquoi je ne les entends pas d'habitude ?

– Puisque tu es réveillée nous allons faire une expérience un peu bruyante pour t'aider à comprendre.

L'expérience

Rassemble ton matériel

- **1 cuisine très silencieuse**

- **1 réfrigérateur**

1

Installe-toi dans la cuisine à l'heure où elle est la plus silencieuse. Écoute.

Qu'entends-tu ?

2

Demande à l'adulte de débrancher le réfrigérateur quelques instants. Écoute à nouveau.

Entends-tu toujours la même chose ?

L'EXPLICATION pour en dire plus AUX ENFANTS

Pourquoi nous n'entendons plus certains bruits ?

Tes oreilles peuvent entendre beaucoup de sons à la fois. Mais ton cerveau ne cherche pas à les reconnaître tous, sinon tous ces bruits se mélangeraient !
Quand un ami te parle dans la cour de l'école, tu ne pourrais pas comprendre ce qu'il dit si en même temps tu écoutais ce que disent tous les autres enfants autour de toi, mais aussi les chants des oiseaux, le bruit du vent et des automobiles.
On peut dire que les oreilles sont des instruments qui reçoivent tous les sons, et que le cerveau fait le tri entre ce qu'il veut écouter et ce qui ne l'intéresse pas.
Alice entend les cloches qu'elle n'entend pas habituellement, car comme elle veut dormir elle est plus attentive aux bruits qui la dérangent.

LE COIN pour en savoir plus DES PARENTS

De la même manière qu'on ne fait pas constamment attention aux vêtements qui touchent notre peau, à tout ce que nos yeux peuvent voir, à toutes les odeurs qui nous entourent, on ne passe pas notre temps à identifier tous les sons que nos oreilles captent. Si notre cerveau réagissait à toutes les informations sensorielles qu'il reçoit, il nous serait impossible de communiquer.

Nous vivons dans un perpétuel bruit de fond sonore auquel nous ne prêtons pas attention. Cependant, un bruit de fond trop important (bruits de la ville, de la chaîne stéréo, de l'ordinateur, de la cantine de l'école, etc.) peut être dangereux pour la santé. D'abord parce qu'il peut endommager les organes de l'ouïe sans qu'on s'en rende compte, et ensuite parce que notre cerveau traite inconsciemment et en permanence ces informations, ce qui le fatigue (en particulier pendant le sommeil). En effet, contrairement aux yeux qui ont les paupières, les oreilles n'ont pas de bouchons qui leur permettraient de se reposer.

Encore un jeu

Veux-tu retrouver 5 éléments qui font du bruit dans cette image ?

Réponses : un chat qui miaule, un chien qui aboie, une radio portable, le sifflet de l'agent, une sirène d'ambulance, un moteur de moto, de voiture, le cri d'une dame.

Une guitare avec trois fois rien

Tadéo et Alice écoutent un guitariste dans la rue.

– J'aimerais bien jouer de la guitare, dit Alice.

– Oh ! moi aussi, dit Tadéo.

– Allons en construire une, propose Koala.

– Mais Koala ! c'est bien difficile ! Et on n'a pas de bois, pas de corde. C'est impossible !

– Quand on est un petit débrouillard, on se débrouille ! En route, pour faire une fausse guitare avec trois fois rien...

L'expérience

Rassemble ton matériel

- 1 règle plate, en plastique, de 30 centimètres
- 2 élastiques de tailles différentes (1 grand et 1 petit)
- 1 gomme

1

Entoure la règle avec les élastiques, dans sa longueur, et coince la gomme entre les élastiques et la règle, au milieu de la règle.

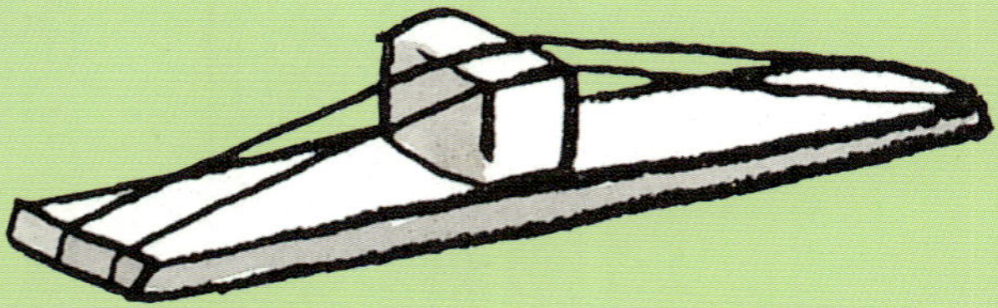

2

Fais de la musique en tirant et lâchant les élastiques à gauche de la gomme.

3

Déplace la gomme sur la règle puis recommence à faire de la musique.

4

Recommence plusieurs fois en approchant ou éloignant la gomme du bout droit de la règle.

Fabriques-tu toujours les mêmes sons ?

L'EXPLICATION pour en dire plus AUX ENFANTS

Comment joue un guitariste ?

Les deux élastiques ne font pas le même son ; le plus grand fait un son plus grave que le petit. Plus un élastique est tendu, plus il fait un son aigu. Le petit élastique est plus tendu que le grand, il fait alors un son plus aigu.

Plus la gomme est proche de l'extrêmité de la règle, plus le son est aigu. Plus la gomme est loin, plus le son est grave.

Quand on approche la gomme de l'extrêmité de la règle, on tend encore plus les élastiques de ce côté-là, c'est pourquoi ils font un son encore plus aigu.

Un guitariste déplace sa main sur le manche de sa guitare comme tu as déplacé ta gomme sur la règle. Plus ses doigts pincent une corde près de la caisse de la guitare, plus cette corde fait un son aigu.

LE COIN pour en savoir plus DES PARENTS

Tous les instruments à cordes utilisent ce principe pour faire varier les sons qu'ils produisent. À la différence de la guitare ou du violon dont on presse les cordes pour diminuer la longueur sur laquelle elles vibrent, la harpe et le piano possèdent des cordes de différentes longueurs. Le son entendu est toujours formé par des vibrations de l'air. Ces vibrations sont amplifiées par des caisses de résonance creuses.

Encore un jeu

Peux-tu trouver l'intrus
qui s'est glissé dans les affaires
du musicien ?

un boîtier

Réponse : la télécommande

Un tambour magique

C’est la fête de l’école. Alice s’est approchée d’un groupe de musiciens qui tapaient sur des tambours.

– Oh ! regarde, Koala, ça fait de la poussière derrière les tambours.

– Oui, en effet, répond Koala. Sais-tu pourquoi ?

– Non, mais je suis sûre que tu connais une expérience pour me l’expliquer. Alors, on va la faire ?

L'expérience

Rassemble ton matériel

- 1 rouleau vide de carton (essuie-tout ou papier toilette)
- 1 ballon gonflable
- des ciseaux
- 1 bougie

1

Coupe le ballon en deux dans le sens de la largeur et accroche chaque morceau à un bout du rouleau de carton.

Il faut que la peau du ballon soit, à chaque bout, bien tendue. Voilà ton tambour.

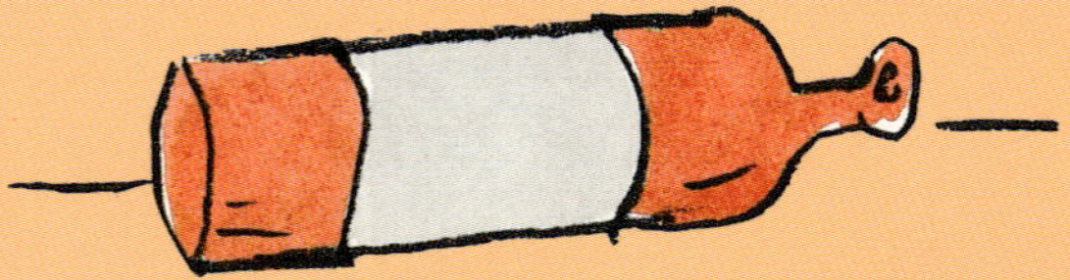

2

Demande à l'adulte d'allumer la bougie et dirige l'ouverture du ballon vers la flamme.

3

Tapote la peau du ballon en regardant la flamme, puis donne un coup plus fort.

Que fait la flamme ?

L'EXPLICATION
pour en dire plus
AUX ENFANTS

Les sons ont-ils de la force ?

Quand tu tapes doucement sur ton tambour, la flamme danse. Si tu tapes fort, la flamme s'éteint !
En tapant sur la peau du ballon, tu la fais bouger, vibrer. À son tour, elle fait vibrer l'air à l'intérieur du rouleau. Comme l'air bouge, il se déplace dans le rouleau, et une partie sort par le trou, bousculant la flamme. Quand tu tapes fort, l'air sort fort et souffle la flamme qui s'éteint.

LE COIN pour en savoir plus DES PARENTS

Les sons émis par les instruments à percussion sont produits par la vibration de la surface percutée qui, à son tour, fait vibrer l'air. Plus la surface est grande, plus la note produite est grave. Les musiques utilisent beaucoup les percussions pour rythmer les mélodies et aider à la danse. Cependant, à outrance, les sons graves sont aussi dangereux que les sons aigus pour l'oreille. Ils se transmettent facilement par les os du crâne. Les cils de l'oreille interne qui transmettent l'information sonore au cerveau peuvent être détériorés par des sons trop forts et entraîner ainsi une surdité car ils ne se renouvellent pas.

Encore un jeu

Veux-tu retrouver
à quel instrument appartient
chaque détail ?

1. un bâton de pluie

3. une crécelle

2. des castagnettes

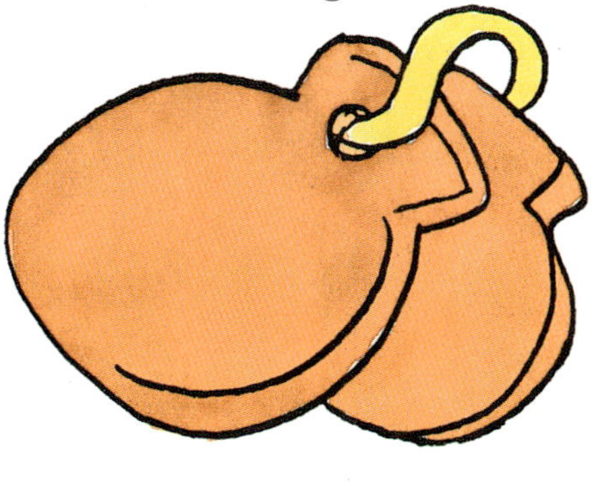

4. des maracas

Réponses : A2 ; B4 ; C1 ; D3

Un son de cloche

Pour l'anniversaire d'Alice, Tadéo a fabriqué un drôle de cadeau.

– Oh ! Une petite cuiller accrochée à une ficelle ! s'exclame Alice. Merci Tadéo, c'est un collier ?

– Mais non, Alice, c'est un bruit de cloche, répond Tadéo.

– Un bruit de cloche, qu'est-ce que ça veut dire ? Tu y comprends quelque chose, toi, Koala ?

– Tadéo a eu une très bonne idée ! Tu vas voir Alice, grâce à son cadeau nous allons faire sonner les cloches !

L'expérience

Rassemble ton matériel

- **1 cuiller à soupe métallique**
- **1 bout de ficelle fine de 50 centimètres de long**

1

Attache la cuiller au milieu de la ficelle.

2

Cogne la cuiller contre une table et écoute bien le bruit.

3

Accroche ensuite les deux bouts de la ficelle à tes deux index.

4

Mets ces doigts dans tes oreilles, et donne à nouveau un coup de cuiller dans la table.

Entends-tu toujours la même chose ?

L'EXPLICATION pour en dire plus AUX ENFANTS

Pourquoi entend-on avec les oreilles bouchées?

Surprise, tu entends les cloches d'une église !

La première fois, tu n'as entendu qu'un petit bruit de la cuiller contre la table. Mais n'as-tu pas remarqué que la ficelle tremblait dans tes mains, même quand tu n'entendais plus le bruit ?

La deuxième fois, la ficelle tremble toujours et fait aussi trembler tes doigts. À travers les doigts, les tremblements, qu'on appelle des vibrations, passent directement aux oreilles. Les oreilles entendent alors le son presque comme si elles étaient contre la cuiller.

Cela montre que la ficelle et les doigts laissent mieux passer les sons que l'air qui se trouve entre la cuiller et tes oreilles. Voilà une drôle de manière d'écouter des cloches sans cloches !

LE COIN
pour en savoir plus
DES PARENTS

Lorsqu'on cogne la cuiller, elle vibre et fait vibrer ce qui l'entoure : l'air et la ficelle. L'air est un gaz, il est formé d'éléments minuscules (des molécules) qui s'agitent beaucoup et sont éloignés les uns des autres. Les vibrations de la cuiller arrivent à passer d'un élément à l'autre mais s'amenuisent petit à petit. Enfin, elles parviennent jusqu'au tympan qui entend un petit bruit.
Par contre, les molécules qui constituent la ficelle et les os des doigts sont bien plus resserrées. Elles permettent aux vibrations de la cuiller de passer plus facilement. Elles arrivent ainsi avec moins de perte aux tympans. Elles sont plus fortes, et comme on n'entend qu'elles (les doigts bouchent les oreilles) on a l'impression de se retrouver à côté d'une église.

Encore un jeu

Quels sont les 3 bruits que tu préfères ? Peux-tu essayer de les imiter ?

Le chant du coq

La rumeur d'une plage

Le grincement d'une porte de bois

La pluie sur le toit

Le coassement d'un crapaud

Le cri d'une mouette

Le vent dans les sapins

Le bourdonnement d'une abeille

La chute d'une cascade

Le bêlement des moutons

Le tic tac du réveil

Un robinet qui goutte

Un dormeur qui ronfle

Un téléphone qui sonne

Le bruit des pas dans la neige épaisse

Le gazouillis d'un bébé

La sirène des pompiers

Le silence de la forêt

Les flonflons d'un bal

Les pétarades du feu d'artifice

Le crissement des pas dans les feuilles mortes

Le hululement d'une chouette

Oreille bouchée

– Quel tapage, quel tumulte, quel tohu-bohu, ce soir, chez les voisins ! crie Alice.
– Tu as raison, Alice, dit Koala, c'est vraiment très bruyant dans la maison, derrière ce mur.
Alice se bouche l'oreille gauche, qui est du côté du mur, mais sans succès.
– Je ne comprends pas, Koala, j'ai pourtant bouché l'oreille qui était la plus près du bruit, et j'entends quand-même. Ça ne sert à rien d'avoir une oreille de chaque côté !
– Mais si, Alice, dit Koala. Je vais t'expliquer à quoi servent tes deux oreilles !

L'expérience

Rassemble ton matériel

- 1 lecteur de disque ou de cassette

1

Mets un disque ou une cassette à un volume moyen.

2

Bouche-toi une oreille.
Écoute.

3

Bouche-toi l'autre oreille.
Écoute.

4

Bouche-toi les 2 oreilles.
Écoute à nouveau.

Entends-tu toujours de la même façon ?

L'EXPLICATION pour en dire plus AUX ENFANTS

À quoi servent les deux oreilles?

Le son se déplace dans toutes les directions. C'est pourquoi, si un bruit vient de ta droite, tu l'entends aussi avec l'oreille gauche.

En revanche, le bruit n'arrive pas exactement en même temps aux deux oreilles : s'il vient de la droite, l'oreille droite l'entend avant l'oreille gauche. C'est ce qui te permet de savoir d'où il vient. Si une oreille est bouchée, tu n'entends plus la musique qu'avec une seule oreille, et il est plus difficile de deviner d'où vient le son avec une seule oreille qu'avec les deux.

LE COIN pour en savoir plus DES PARENTS

Le fait d'avoir deux oreilles nous permet de donner du relief aux sons que nous entendons, c'est-à-dire de nous représenter une sorte de « carte géographique sonore en volume ». Cette représentation est élaborée par notre cerveau qui compare les informations reçues de chaque oreille.

Lorsqu'une oreille est bouchée (par le cérumen, lors d'une otite, etc.), nous avons plus de mal à nous repérer dans l'espace sonore et, par exemple, à savoir d'où vient la voix qui nous appelle ou la voiture que nous entendons. Nous ressentons la même chose lorsque les deux oreilles reçoivent le même son pratiquement en même temps, sur certains quais de métro par exemple : les murs de la station renvoyant le bruit de la rame approchant dans tous les sens, nous ne savons pas si elle vient de la droite ou de la gauche.

Encore un jeu

Peux-tu dire le nom du bruit « montré » dans chaque image ?

Réponses : le grondement du tonnerre ; le crépitement du feu de cheminée ; le clapotis de la mer ; le bruissement du feuillage ; le gazouillis des oiseaux.

J'entends le ....du feu de cheminée

J'entends le ....de la mer

J'entends le ....du feuillage

J'entends le ....des oiseaux

Écouter dans l'eau

Tadéo parle avec Alice :
– Moi, quand je prends un bain, je joue à l'espion, dit-il.
– Comment ça à l'espion ? demande Alice.
– Eh bien, je mets la tête sous l'eau et comme ça, j'entends mieux tous les pas que fait Maman dans la cuisine, juste à côté.
– Koala, c'est impossible, dit Alice. Tadéo me raconte des salades.
– Non, Tadéo a raison ! D'ailleurs, viens faire cette expérience et tu pourras le vérifier !

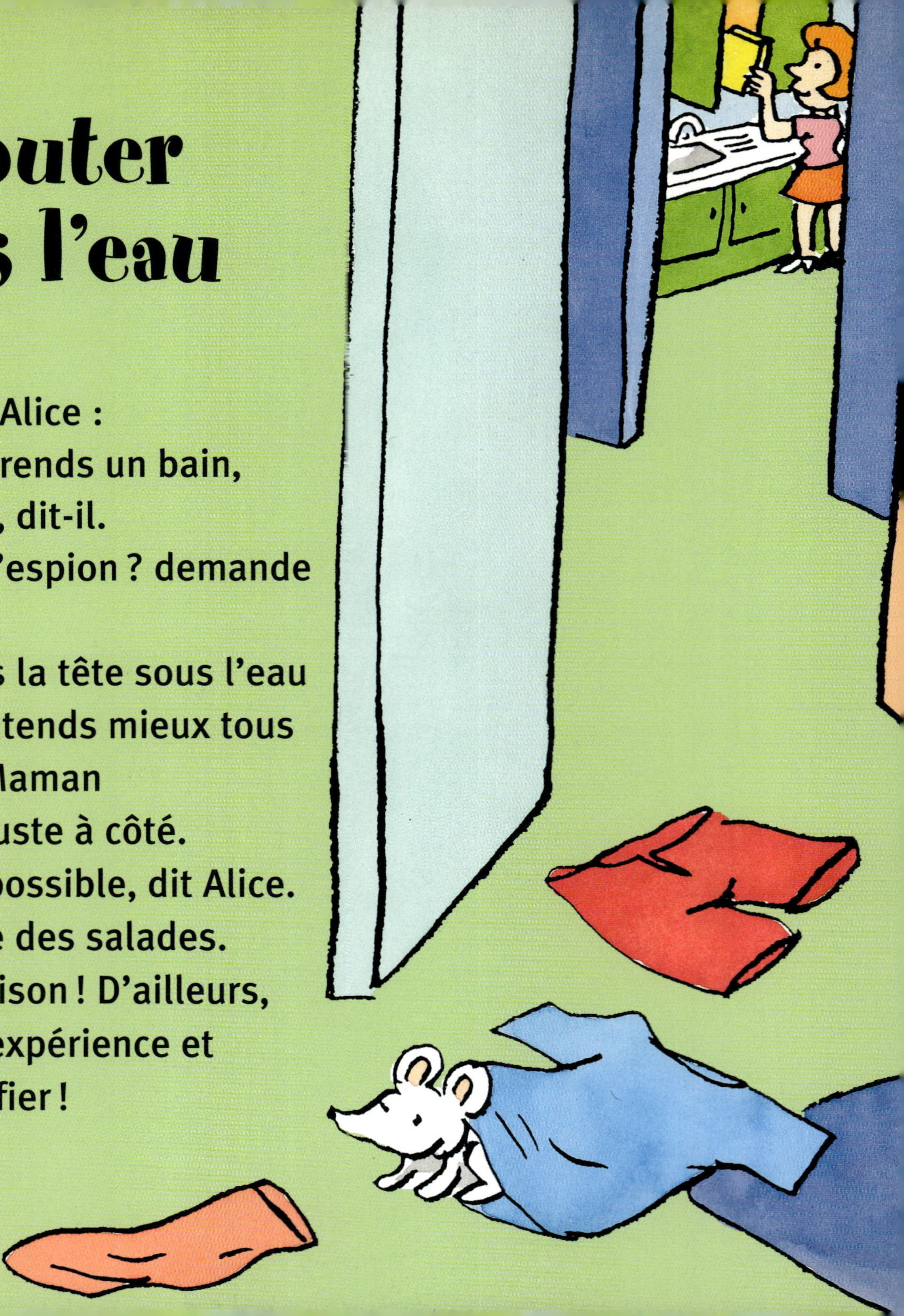

Rassemble ton matériel

- 1 bassine remplie d'eau
- 1 cuiller métallique
- 1 verre

L'expérience

1

Pose le verre dans la bassine, puis donne des petits coups sur le verre avec la cuiller dans l'eau.

2

Trempe une oreille dans l'eau, bouche l'oreille restée dehors avec une main. L'adulte continue à donner des coups de cuiller sur le verre.

Entends-tu une différence ?

L'EXPLICATION pour en dire plus AUX ENFANTS

Pourquoi l'eau aime-t-elle le bruit ?

Tu entends mieux les coups avec l'oreille dans l'eau qu'avec l'oreille hors de l'eau ! L'eau porte mieux les sons que l'air. C'est pour cette raison que Tadéo entend mieux sa maman marcher dans la cuisine quand il est dans son bain. Les baleines des océans ont des chants très aigus ; ces chants « voyagent » très bien dans l'eau et les baleines, même très loin les unes des autres, peuvent se parler et se comprendre.

LE COIN pour en savoir plus DES PARENTS

On peut détecter le chant des baleines à 800 kilomètres de leur position d'origine. À l'intérieur de l'oreille, les sons sont transmis par de l'air jusqu'au tympan. Celui-ci vibre et transmet ces vibrations aux osselets (marteau, enclume, étrier) de l'oreille moyenne. Ces osselets, solides, amplifient les vibrations sonores et les transmettent à un liquide (l'endolymphe) à l'intérieur de l'oreille interne. Ce liquide, en vibrant, « fait des vagues » qui agitent des petits cils plantés à l'intérieur du tuyau de l'oreille interne (la cochlée). Ce sont ces cils qui transmettent au cerveau, par le nerf auditif, l'information sonore.

On voit ainsi que l'information sonore est transmise au cerveau par quatre sortes de canaux : du gaz (l'air), du solide (les osselets), du liquide (la périlymphe), de l'électrochimie (le nerf).

Encore un jeu

Veux-tu remettre cette histoire de concert dans le bon ordre ?

Réponses : B ; F ; D ; C ; E ; A

B

C

E

F

Pour contacter les Petits Débrouillards :

Les Petits Débrouillards, La Halle aux cuirs, 2, rue de la Clôture, 75930 Paris cedex 19
sur Internet : anpd@infonie.fr
sur son site web : http://www.lespetitsdebrouillards.org

L'Association des Petits Débrouillards c'est :

Plus de 100 clubs locaux — 50 centres de vacances et classes de découverte —2000 ateliers dans les écoles, les centres de loisirs et les « bas d'immeubles »

Cette association est soutenue par :

Le ministère de l'Éducation nationale, de la Recherche et de la Technologie — la délégation interministérielle à la ville — l'Académie des sciences — le ministère de la Jeunesse et des Sports — le ministère de la Culture.

L'Association des Petits Débrouillards intervient auprès de tous les enfants pour leur faire découvrir les sciences en s'amusant, et surtout en manipulant et en observant. Elle organise des activités plus spécifiquement pour les 7-12 ans ; elle intervient auprès des 5-7 ans à la demande (écoles, centres de loisirs, parents d'élèves...). Cela dans le but de permettre aux accompagnateurs habituels des enfants de bénéficier des compétences d'un animateur ou d'une animatrice en matière de pédagogie des sciences et des techniques, et ce sur des thèmes aussi diversifiés que l'espace, la chimie, le corps humain, l'eau, la météo...

Pour les 5-7 ans

Une série de livres complices à partager avec votre enfant, pour l'aider à faire seul et pour cheminer ensemble sur la route du savoir :

ouvrages brochés

- **Le goût et la cuisine**
- **La vue et les couleurs**
- **L'odorat et la nature**
- **Le toucher et le corps**

ouvrages reliés

- **La nuit et le sommeil**
- **La rue et la prudence**
- **La campagne et l'aventure**
- **La maison et ses secrets**

Rédaction : Association française des Petits Débrouillards, sous la direction de Pascal Desjours
Relecture et conseil pédagogique : Cathy Dillenseger, Professeur des Écoles
Illustrations : Muzo

Loi 49 956 du 16 juillet 1949 sur les publications destinées à la jeunesse
Dépôt légal premier semestre 2004 — N° d'édition 13061 — ISBN 2 226 15309 8

Imprimé en France par Pollina à Luçon — n° L93092D